LE CRESCENDO,

OPÉRA-BOUFFON,

EN UN ACTE,

IMITÉ DE L'ITALIEN,

par Sewrin

Musique de M. CHÉRUBINI,

Représenté pour la première fois à Paris, par les Comédiens ordinaires de SA MAJESTÉ L'EMPEREUR ET ROI, *sur le Théâtre de l'Opéra-Comique, rue Feydeau, le 1.er Septembre 1810.*

PRIX : 25 SOUS.

BIBLIOTHÈQUE FONDS CORDIEZ DE L'ARSENAL
A. Cordiez

A PARIS,

Chez M.me MASSON, Libraire, Éditeur de Musique et de Pièces de Théâtre, rue de l'Échelle, N.° 10, au coin de celle St.-Honoré.

1810.

THEAT·N·
3847

PERSONNAGES.

Le Major FRANKENCHTEIN, ancien militaire, retiré à la campagne, et ne pouvant supporter le bruit ;	M. *Chénard*.
M. BLOUM, vieux campagnard, voisin du Major, d'un caractère gai, plaisant et bon ;	M. *Solié*.
ALPHONSE DE ROSBACH, jeune officier, neveu du Major ;	M. *Paul*.
SOPHIE, nièce de M. Bloum ;	M.me *Belmont*.
PHILIPPE, valet d'Alphonse ;	M. *Martin*.

CHŒURS de Villageois, de Villageoises et de musiciens.

La Scène se passe dans une campagne, aux environs de Berlin.

Le Théâtre représente, à droite sur le devant, la maison du Major ; et à gauche, un peu vers le fond celle de M. Bloum. Plusieurs arbres çà et là.

AVIS.

Il n'y a d'Édition avouée par l'Auteur, que celle dont les Exemplaires sont signés par l'Éditeur. Il poursuivra les Contrefacteurs, conformément à la loi.

LE CRESCENDO,

OPÉRA-BOUFFON.

SCÈNE PREMIÈRE.

LE MAJOR, *sortant de chez lui. Il est en costume du matin. Bonnet de coton pointu avec un ruban ; pet-en-l'air à fleurs d'or. Il arrive en étendant les bras.*

AH !... j'ai mal dormi !... Quelle étrange maladie que la mienne ! J'ai fait trente ans la guerre, je devrais être accoutumé au bruit, eh bien ! pas du tout ; le moindre mouvement me tracasse, m'inquiète ; le moindre son qui frappe mon oreille me met au supplice. On me disait toujours : allez à la campagne ; vivez à la campagne, cela vous fera du bien.... La campagne ! la campagne ! morbleu ! c'est comme à la ville !

Air.

A peine le soleil se lève
Que tout s'agite autour de moi !
Le tonnerre, au milieu d'un rève,
Souvent me réveille en effroi.
(*Il imite le bruit du tonnerre.*)
Pan, pan, pan, pan, pan, pan, pan !
L'eau tombe par torrens ;
J'entends
Les vents
Siffler à travers le feuillage,
Comme ceci :
(*Il imite le sifflement des vents.*)
Pzi !... pzi !... pzi !...

La grosse cloche du village
Sonne bientôt pour mon malheur ;
En croyant détourner l'orage,
Un enragé carillonneur
Redouble encore le tapage !
(*Il imite le tintement d'une cloche, tel qu'on la sonne dans les campagnes pour détourner l'orage.*)
Bim, boum ! bim, boum ! bim, boum !

Ah oui ! vraiment,
C'est un enfer, c'est un tourment !

Le matin, chacun s'évertue :
L'un fait claquer son fouet.... v'lan, v'lan !
Un autre conduit sa charrue
Et chante à briser le timpan !
Le soir, un pâtre abominable
Fait entendre ses ouin.... ouin.... ouin !

(Il imite l'instrument avec lequel on rappelle les troupeaux à l'étable.

Sa maudite corne-à-bouquin
Fait une musique de diable !
Puis la danse, le tambourin !
C'est un vacarme, c'est un train,
C'est une joie insupportable !
A toute heure, le jour, la nuit,
Partout, comme un bien nécessaire,
Je cherche un repos salutaire,
Et partout le repos me fuit !

SCENE II.

LE MAJOR, M. BLOUM, *sortant de chez lui.*

BLOUM.

Bonjour, Major.

LE MAJOR.

Votre serviteur, voisin.

BLOUM.

Qu'avez-vous donc ?... Vous ne paraissez pas de bonne humeur.

LE MAJOR.

Ah !... toujours.... ces nerfs qui me tourmentent !... aujourd'hui j'éprouve une.... irritation !...

BLOUM.

Il faut vous dissiper, vous distraire.... vous le savez, c'est ce que les médecins vous recommandent.

LE MAJOR.

Bah !... bah !... les médecins n'entendent rien à mon mal !... moi-même, je ne puis pas trop bien l'expliquer. Tenez, cette campagne n'est pas assez tranquille pour moi.... ce matin encore, j'ai entendu des tambours....

BLOUM.

Eh parbleu ! des militaires qui reviennent de l'armée.

LE MAJOR.

Une heure après, sous mes fenêtres.... des cris !

BLOUM.

La gaîté de nos villageois... C'était l'heure d'aller travailler aux champs.

LE MAJOR.

Enfin, je n'ai pas fermé l'œil de toute la nuit.

BLOUM.

Mauvaise disposition!... Promenez-vous, respirez l'air frais du matin, vos sens se calmeront.

LE MAJOR.

Il ne faut pas que je m'éloigne; j'attends mon neveu; son régiment est en Prusse, et Alphonse me mande qu'il obtenu un congé pour me venir voir.

BLOUM.

Par ma foi! cela s'accorde à merveille!... Ma nièce vient d'arriver.

LE MAJOR.

Qui?... Cette charmante Sophie dont vous m'avez parlé si souvent?

BLOUM.

Précisément.

LE MAJOR.

Le bien que vous m'en avez dit m'a donné plus d'une fois l'envie de la connaître.

BLOUM.

Vous la verrez bientôt... Je verrai de même votre neveu... Dites-donc, Major, voilà un double sujet de joie!

LE MAJOR.

Qu'entendez-vous par là?

BLOUM.

Qu'Alphonse va se trouver ici avec ma Sophie, et que si nos deux jeunes gens venaient par hazard à prendre du goût l'un pour l'autre... Eh! eh! Major, qu'en pensez-vous?

LE MAJOR.

Nous les marierions?... Non, non, mon neveu a embrassé la carrière militaire et je ne veux pas le détourner de cet état.

BLOUM.

Quel plaisir pourtant ce serait pour vous que d'avoir tous les jours... là... sous vos yeux...

LE MAJOR.

Non, vous dis-je?... Il faut qu'il fasse sa fortune comme j'ai fait la mienne.

BLOUM.

Mais, entre nous... ce que vous lui laisserez ne suffira-t-il pas?...

LE MAJOR.

Et que lui laisserais-je donc?... rien!

BLOUM.

Ah! c'est bien peu.

LE MAJOR.

Pas une obole! Écoutez-donc, voisin, si je mariais, moi?

BLOUM.

Vous!

LE MAJOR.

Pourquoi pas? je suis d'âge...

BLOUM.

A marier les autres.

LE MAJOR.

Vous raillez... parce que vous me voyez là dans mon négligé du matin.

DUO.

BLOUM.

Vous et moi, convenez, Major,
Que nous sommes dans la réforme.

LE MAJOR.

Morbleu! j'ai bonne mine encor,
Quand je suis en grand uniforme.
Je reprends mon air martial,
Mon œil se ranime et s'enflamme!

BLOUM, *riant.*

Restez au quartier-général,
Ne songez plus à prendre femme.

LE MAJOR.

A votre nièce, mon voisin,
J'irai présenter mon hommage.

BLOUM, *riant.*

Craignez de rester en chemin,
N'allez pas sans votre équipage.

LE MAJOR.

Depuis long-tems je fais le vœu
De me choisir une compagne.

BLOUM, *riant.*

Laissez, laissez votre neveu
Entreprendre cette campagne.

ENSEMBLE.

LE MAJOR.	BLOUM, *riant.*
Morbleu! j'ai bonne mine encor,	Vous et moi, convenez, Major,
Quand je suis en grand uniforme.	Que nous sommes dans la réforme.

LE MAJOR.
Chez moi, dans un coin,
En réserve,
Avec soin
Je conserve
Cinquante mille écus...

BLOUM.
Oui da!
Cher Major! j'en suis fort aise!

LE MAJOR.
Que votre nièce me plaise,
Voisin... on l'épousera.

BLOUM.
Y pensez-vous? Quelle folie!

LE MAJOR.
Mon ame en serait bien ravie!

BLOUM.
Vous avez cinquante ans et plus.

LE MAJOR.
J'ai...., j'ai cinquante mille écus.

BLOUM, *riant.*
Ah, ah, ah, ah, ah, ah!

ENSEMBLE, *et chacun à part.*

BLOUM, *à part.*
C'est pour lui que je l'ai gardée!
Le vieux fou! comme l'on rirait!
Mais prêtons-nous à son idée,
Elle servira mon projet.

LE MAJOR., *à part.*
Ma foi! j'ai lâché la bordée!
Oui, je m'en tiens à ce projet;
Il doit sourire à cette idée,
Ma fortune l'enrichirait.

BLOUM, *haut.*
Ce n'est point une raillerie?

LE MAJOR.
Je parle sans plaisanterie.

BLOUM.
Vous le voulez?

LE MAJOR, *lui donnant la main.*
C'est entendu!

ENSEMBLE.

BLOUM, *à part et riant.*
Le Major a l'esprit perdu!

LE MAJOR, *à part.*
A mes désirs il s'est rendu!

BLOUM, *haut.*
Allez donc, allez, cher Major,
Endosser le grand uniforme.

LE MAJOR.
Morbleu! j'ai bonne mine encor,
Quand je suis en grand uniforme.
J'ai l'esprit sain...

BLOUM, *riant.*
J'en suis d'accord!

LE MAJOR.
Et mes traits n'ont rien de difforme.

ENSEMBLE.

BLOUM.
Allez donc, allez, cher Major,
Endosser le grand uniforme.

LE MAJOR.
Morbleu! j'ai bonne mine encor,
Quand je suis en grand uniforme.

SCENE III.

Les mêmes, PHILIPPE.

(*Philippe, dans la coulisse, s'annonce en faisant claquer son fouet à coups redoublés.*)

LE MAJOR.
O ciel! Quel est l'imprudent. . . le téméraire? . . .

BLOUM.
Quelque voyageur, sans doute...

PHILIPPE, *ayant un cor en bandouillere, entre en criant et en redoublant ses coups de fouet.*
Monsieur le Major de Frankenchtein! Monsieur le Major de Frankenchtein!

LE MAJOR, *se bouchant les oreilles.*
Malheureux! me voilà!... Que me veux-tu?

PHILIPPE, *criant plus fort, et avec des transports de joie.*
Ah! monsieur le Major!... Quelle joie!... Quel plaisir!... Je viens...

LE MAJOR, *impatienté.*
Tais-toi, tais-toi!

BLOUM, *à Philippe.*
Expliquez-vous doucement.

PHILIPPE, *étonné, et très-haut.*
Il n'y a pas d'explication là-dedans. (*Au Major.*) C'est une bonne nouvelle que je viens vous annoncer; c'est...

BLOUM, *l'arrêtant.*
Comprenez donc ce qu'on vous dit!... N'élevez pas tant la voix.

LE MAJOR.
Le sot!... Monsieur le Major! Monsieur... J'en suis encore tout étourdi!

BLOUM, *à Philippe, et bas.*
C'est un dérangement dans les organes qui l'empêche de supporter la moindre commotion.

PHILIPPE.
Ah! il est un peu... (*il met un doigt sur son front.*)

LE MAJOR.

Allons, parle à présent... Le voilà, monsieur le Major!... Quelle nouvelle?

PHILIPPE, *tout bas, au Major.*

C'est l'arrivée de mon maître!... de monsieur Alphonse de Rosbach, votre cher neveu.

LE MAJOR.

Alphonse arrive?

PHILIPPE, *encore plus bas.*

Oui, je l'ai devancé de dix minutes, au plus... Vous allez le voir.

LE MAJOR.

Bien portant?

PHILIPPE.

(*Bas.*) Oh! d'une santé... (*Très-haut.*) superbe! Ah, mon dieu! pardon! (*Tout bas.*) Vrai! il se porte à ravir et meurt d'impatience de vous embrasser.

LE MAJOR.

Bon, bon!

PHILIPPE, *à part.*

Oh la drôle de chose! je ne pourrai jamais m'habituer à parler comme ça, moi.

BLOUM, *au Major.*

Major, je retourne chez moi.... prévenir ma nièce de votre visite.... à tantôt.... ménagez-vous, et n'oubliez pas le costume d'étiquette.

(*Pendant que Bloum a parlé, Philippe s'est débarassé du cor qu'il portait en bandouillère et l'a suspendu à un arbre, ainsi que le fouet qu'il tenait à la main.*)

SCENE IV.

LE MAJOR, PHILIPPE.

LE MAJOR.

Dis-moi un peu.... toi qui as été à l'armée avec mon neveu.... sais-tu s'il s'est bien comporté? s'il a soutenu sa réputation, s'il a fait des prodiges....

PHILIPPE, *tres-haut.*

Ah monsieur!... des prodiges.... (*le Major lui fait un signe de la main.*) (*très-bas.*) étonnans! je vais vous raconter cela.

AIR.

(*Le comique de cet air, tout composé de mots qui peignent le fracas de la guerre, consiste à être chanté d'une voix étouffée; tous les instrumens auront des sourdines, on ne doit entendre les timbalLes que comme un bourdonnement. Philippe quelquefois s'oublie et s'abandonne aux* forté; *mais il reprend tout-à-coup les* piano, *chaque fois que le Major lui fait un signe de la main ou exprime par quelqu'autre geste son impatience.*)

(*Très-piano.*) Au bruit des canons, des allarmes,
Son cœur n'éprouve aucun effroi,
Et la guerre a pour lui des charmes,
Lorsqu'il défend son pays et son roi.
(*Forté.*) Il faudrait le voir combattre!
Ah, c'est pis qu'un diable à quatre!
(*Piano.*) Sabre en main.... de ci, de là....
Pif, paf. pan!.., comme cela.
Dévançant toujours l'armée,
Au milieu de la fumée,
Des bombes et des boulets,
Des biscayens, des mousquets,
Des fusils, des bayonnettes,
Des tambours et des trompettes,
Il renverse les chevaux,
Il enlève les drapeaux,
Il s'empare d'un village,
Il passe un fleuve à la nage,
Il va porter dans les camps
Le désordre, le carnage,
Et le combat finit.... faute de combattans.
(*Vivement et forté.*)
Au bruit des canons....
(*Reprenant avec douceur.*)
Au bruit des canons, des allarmes,
Son cœur n'éprouve aucun effroi,
Et la guerre a pour lui des charmes,
Lorsqu'il défend son pays et son roi.
(*Plus doucement encore.*)
Au bruit des canons, des allarmes....

LE MAJOR, *enchanté.*

Je voudrais le voir sous les armes?

PHILIPPE, *très-piano.*

Son cœur n'éprouve aucun effroi.

LE MAJOR, *ravi.*

Alphonse est digne de moi.

PHILIPPE.

Et la guerre a pour lui des charmes...

LE MAJOR.

Oui, la guerre a bien des charmes....

PHILIPPE.

Lorsqu'il défend son pays et son roi.

LE MAJOR.

Lorsque l'on défend son roi.

ENSEMBLE.

PHILIPPE, *s'emportant et forté.*	LE MAJOR, *se bouchant les oreilles*
Lorsqu'il défend son pays et son roi.	Tais-toi, tais-toi, tais-toi, tais-toi

LE MAJOR.

Tu oublies toujours que....

PHILIPPE.

Que voulez-vous, Monsieur?... c'est le feu de la bataille qui m'avait enflammé.

LE MAJOR.

Et toi, pendant l'action, où te tiens-tu ordinairement?

PHILIPPE.

Moi, Monsieur!... je suis dans l'arrière-garde avec les vivandières et l'ambulance.... et, lorsqu'on bat en retraite, ce qui nous arrive quelquefois, en faisant demi-tour à droite ou à gauche, je me trouve à la tête de l'armée!... du reste, dès que nous rentrons en garnison, je ne quitte plus mon maître, et me voilà.

LE MAJOR.

C'est bon! je suis content de ton zèle... Viens, je vais te faire donner une bonne bouteille de vin.

PHILIPPE.

Je ne demande pas mieux.... j'ai la voix enrouée de n'avoir point parlé assez haut.

LE MAJOR.

Modère-toi toujours de même.... et plus de ces transports qui m'étourdissent les oreilles.... ou je te chasse.

(*Philippe rentre avec le Major.*)

SCENE V.

M. BLOUM, ALPHONSE.

BLOUM.

Oui, mon cher Alphonse, j'épiais votre arrivée; avant de vous présenter au major, il est essentiel que je vous entretienne d'une chose extrêmement importante.

ALPHONSE.

J'avais le dessein d'aller aujourd'hui même rendre mes devoirs à M. Bloum, au respectable oncle de l'aimable Sophie.

BLOUM, *riant.*

Au respectable oncle !... (*avec amitié.*) dis plutôt au bon oncle, car je le suis en effet, et je vais t'en donner la preuve. D'abord, l'aimable.... Sophie est ici.

ALPHONSE.

Ici !

BLOUM.

Oui, tu vas la voir dans quelques instans.

ALPHONSE, *avec joie.*

Que m'apprenez-vous ?

BLOUM.

Oh ! fais l'étonné !... tu t'y attendais bien.

ALPHONSE.

Moi, monsieur !

BLOUM.

Elle n'est venue à la campagne, que parce qu'elle savait que tu devais y venir.

ALPHONSE.

Se peut-il ?

BLOUM.

C'est tout simple ! Sophie t'aime....

ALPHONSE.

Sophie ! . . .

BLOUM.

Et toi, tu es éperduement amoureux d'elle....

ALPHONSE.

Amoureux !...

BLOUM.

Tu vois que je suis bien instruit.

ALPHONSE, *déconcerté.*

Monsieur Bloum...

BLOUM.

Allons, allons, plus de fermeté ! Un militaire ne doit pas perdre contenance. (*Riant.*) Tiens, il est inutile de feindre, Sophie m'a tout confié.... même les lettres que tu lui as écrites de l'armée. (*Il tire un petit paquet de lettres et le montre à Alphonse qui fait un mouvement de surprise.*) Rassure-toi, elles ne contiennent rien que je n'approuve, et je suis content.... eh bien ! te voilà encore interdit, confondu !...

ALPHONSE.

Ah Monsieur ! l'indulgence que...

BLOUM.

L'indulgence ! l'indulgence ! .... eh non ! Vous vous aimez, vous me le dites ; j'approuve votre tendresse, rien de si naturel ; mais à présent. . . voyons, que puis-je faire pour vous ?

ALPHONSE, *vivement.*

Eh bien, Monsieur.... il faut nous marier !

BLOUM.

C'est bien mon intention....mais tu n'as rien ; Sophie n'a que de faibles espérances....

ALPHONSE.

Eh, faut-il donc tant de fortune !....

BLOUM.

Oui.

ALPHONSE.

Mon oncle...

BLOUM.

Ne te donnera pas une obole... ; compte là dessus, et puis, il y a bien d'autres obstacles, ma foi !

ALPHONSE.

Lesquels.

BLOUM.

Tu as un rival.

ALPHONSE.

Un rival !

BLOUM.

Très-dangereux ! excessivement dangereux !

ALPHONSE.

Riche sans doute ?

BLOUM.

Cinquante mille écus comptant !

ALPHONSE.

Brave ?

BLOUM *riant.*

Comme l'épée qu'il porte.

ALPHONSE.

Jeune ?

BLOUM *riant.*

Mais il peut avoir de trente....à....soixante ans.

ALPHONSE.

Son nom ?

BLOUM.

Le major de Franckenchtein !

ALPHONSE.

Le major !....

BLOUM.

Lui-même !

ALPHONSE.

C'est une plaisanterie.

BLOUM.

Rien n'est plus sérieux !.... Il devient chaque jou d'une humeur acariâtre, d'un caractère plus inquiet.. plus difficile... et il pense que le mariage lui fera du bien Dans ce moment même il est allé se parer pour faire s cour à ma nièce.

ALPHONSE.

Est-il bien vrai ? Mais vous me désespérez, Monsieu Bloum.

BLOUM *riant.*

Oh moi, je ne me désespère pas !

ALPHONSE.

Quels sont donc vos projets ?

BLOUM.

Mais en pareil cas, un autre emploierait quelq valet intrigant...., quelque fripon adroit....

SCENE VI.

Les mêmes. PHILIPPE *sortant de la maison du maj*

PHILIPPE. (*en parlant du major.*)

S'il a besoin de moi, il m'appellera....Ma foi ! je n peux plus tenir.

BLOUM *à Alphonse.*

Moi qui suis....un bon oncle !.... je me charge de négociation.

ALPHONSE.

Vraiment, Monsieur Bloum !....

PHILIPPE *se retournant et appercevant Alphonse.*

Eh ! c'est vous, mon cher maître.... mais allez don allez bien vîte, Monsieur le Major se dispose à sortir.

BLOUM.

Oui, va d'abord l'embrasser.

PHILIPPE.

Sur-tout, Monsieur, observez-vous bien, point de transports, pas trop de gestes! motus! ne parlez que du bout des lèvres....ne vous agitez pas trop, demeurez en repos.... le bruit, le vent....une porte qu'on ouvre ou qu'on ferme, tout cela le contrarie, lui donne, à ce qu'il dit... des maux de nerfs !.... En vérité, Monsieur, j'aimerais mieux camper dix ans à l'armée, que de vivre deux jours chez Monsieur le Major.

ALPHONSE *entrant chez son oncle.*

Monsieur Bloum, je compte sur vous.

BLOUM *rentrant chez lui.*

Je vais chercher Sophie.

SCENE VII.

PHILIPPE *seul.*

RÉCITATIF.

Me voilà seul enfin! Il faut que je respire!
Personne ici, je crois, ne me contredira?
Je puis donc un instant soulager mon martyre,
Parler, rire et chanter tout comme il me plaira.

AIR.

Du cœur, interprète fidèle,
La parole est un don des cieux.
Eh! comment exprimer sans elle
L'amour qu'inspirent deux beaux yeux?
N'est-ce pas un plaisir extrême
Que d'entendre un joli minois
Vous dire : Je t'aime! je t'aime!
Et vous, de répondre de même
A cette douce et tendre voix:
Je t'aime! je t'aime! je t'aime!
Mot charmant qu'on redit cent fois.
Auprès d'une femme,
Je conviens pourtant
Qu'un discret amant,
Sans parler, souvent
Peut peindre sa flamme;
Mais lorsque le cœur

A ce qu'il desire,
En vain l'on soupire,
En vain l'on aspire
A d'autre bonheur :
De sa douce amie,
Bouche est si jolie !
Accent enchanteur
Vient se faire entendre,
Et d'un désir tendre
Ranime l'ardeur.
L'âge où l'on adore,
Comme un météore,
Brille et disparaît ;
Mais, comme un bienfait,
La parole encore
Calme le regret.

Mais que vois-je?...une jeune femme...charmante !... Eh bien ! je le demande, une bouche comme celle-là ne doit-elle pas dire les plus jolies choses du monde. (*Il se retire vers le fond.*)

SCENE VIII.

PHILIPPE *dans le fond*, BLOUM *et* SOPHIE *sortent de leur maison.*

SOPHIE.

Oui, mon cher oncle...un air bien timide, un pe[u] gauche même, soyez tranquille, je vous réponds que l[e] major tombera dans le piége que vous voulez lui tendre.

BLOUM.

C'est bon, c'est bon, nous verrons.

QUINQUE.

SOPHIE.

Je ferai tout ce qu'en ce jour
Me prescrira votre tendresse.
On doit pardonner à l'amour
Un peu de ruse et de finesse.

PHILIPPE *à part.*

Cette voix charme tous mes sens !...

(*Il se tourne vers la maison du Major, comme s'il l[ui] adressait la parole.*)

Que votre amour se pacifie !
Mon cher Major, je vous défie
De résister à ces accens.

BLOUM *à Sophie.*

Retiens bien mes leçons, ma chère...

SOPHIE.

Ne craignez rien, laissez-moi faire,
Mon cher oncle, je vous comprends.

(RITOURNELLE *qui annonce l'apparition du Major.*)

BLOUM, *bas à Sophie.*

Chut! chut! je crois que je l'entends:...
C'est lui!

SCENE IX.

Les mêmes, LE MAJOR *sortant de chez lui avec Alphonse, et en grand uniforme.*

SOPHIE *appercevant Alphonse.*

Ciel!... Alphonse!

ALPHONSE, *à part.*

Sophie!

BLOUM, *à Sophie.*

Silence, je t'en prie.

LE MAJOR *à son neveu, sans voir Sophie.*

Morbleu! c'est un point résolu:
Si cette nièce est douce et sage,
Sois témoin de mon mariage,
Dès demain il sera conclu.

(*Pendant que le Major parle, Bloum fait des signes à Alphonse, pour lui indiquer de ne pas s'opposer à ses projets.*)

PHILIPPE, *dans le fond.*

Hum! des signes d'intelligence!
Voyons, que veut dire ceci?

LE MAJOR. (*Il se retourne et voit Sophie.*)

Allons donc... c'est elle, je pense?
(*Bas à M. Bloum, en s'efforçant de faire belle contenance.*)
Monsieur Bloum, suis-je bien ainsi?

BLOUM, *riant sous cape.*

Très-bien! fort bien! en conscience!...

LE MAJOR.

Mais votre nièce....

BLOUM *prend Sophie par la main et la présente au Major.*

La voici.

LE MAJOR.

Quel charme inspire sa présence !

M. BLOUM, *à Sophie.*

Saluez Monsieur le Major.

LE MAJOR, *très-cavalièrement.*

Bonjour, bonjour, Mademoiselle.

BLOUM, *bas au Major.*

Elle est un peu timide encor....

LE MAJOR.

Elle n'en paraît que plus belle !

BLOUM, *à Sophie.*

Saluez Monsieur le Major.
(*A Sophie qui ne dit rien.*)
Mais parlez donc, Mademoiselle....
(*Bas au Major.*)
Elle est silencieuse encor...

LE MAJOR, *à M. Bloum.*

J'en ai plus d'estime pour elle.
(*A Sophie.*) A votre âge on prend un époux :
Je suis franc, agissez de même.
Si je vous dis que je vous aime,
Voyons, que me répondrez-vous ?
(*Sophie ne répond pas.*)

BLOUM.

Rien.

LE MAJOR.

Rien !... (*à Sophie*) Il faut être sincère,
Aimerez-vous mon caractère
Et ma franchise militaire !
Répondez, un mot ! un seul mot !

BLOUM, *au Major.*

Rien !... elle s'obstine à se taire....

LE MAJOR, *vivement.*

Voilà la femme qu'il me faut !

PHILIPPE, *dans le fond, éclatant de rire.*

Ah, ah, ah, ah, ah, ah, ah, ah, ah!

LE MAJOR, *se retournant.*

Laisse-nous, ou crains ma colère.

BLOUM.

Sophie, allons, répondez au Major,
C'est moi qui l'ordonne, ma chère.

SOPHIE, *d'un air timide et embarrassée.*

Un oncle que je révère,
Toujours m'a servi de père;
C'est à lui seul, je l'espère,
De décider de mon sort.

BLOUM.

Puisque vous voulez faire
Tout ce qui peut me plaire...
Vous épouserez .... le Major.

ALPHONSE ET PHILIPPE, *chacun à part et avec étonnement.*

Le Major!

TOUS ENSEMBLE.

Alphonse à part. { Je n'entends rien à ce langage,
Mon cœur bat de crainte et d'effroi!

Le Major. { Il faut hâter ce mariage,
(*à Sophie.*) Vous serez contente de moi.

Bloum, bas à Alphonse. { Feins d'approuver ce mariage,
Et bientot tu sauras pourquoi?

Sophie à part. { Ah! sans doute, il me croit volage!
Cher Alphonse, rassure-toi!

Philippe à part. { Non, non, non, non, ce mariage
N'est qu'un piège, moi, je le croi.

ALPHONSE, *à part.*

Monsieur Bloum me trahirait-il? et Sophie! quel changement! je ne reconnais point là son caractère.

LE MAJOR.

Eh bien, mon cher Alphonse, tu ne me fais pas ton compliment?

ALPHONSE.

Mon oncle....permettez....vous vous engagez un peu légèrement....Madame que vous connaissez à peine....que vous voyez pour la première fois....

LE MAJOR.

N'est-elle pas la nièce de M. Bloum, mon voisin, mon ami, qui m'en répond? et d'ailleurs, le premier coup-d'œil suffit pour la bien juger....regarde....

BLOUM, *au Major.*

Elle possède quelques talens?...

LE MAJOR.

Je ne lui demande que de la douceur, un peu de patience et beaucoup de docilité.

BLOUM.

Elle est musicienne.

LE MAJOR.

Je n'aime pas la musique. Elle en fera quand je serai absent.

BLOUM.

Elle dessine à merveille.

LE MAJOR.

Elle dessine?... à la bonne heure! le dessin est un art.... tranquille.. Belle Sophie! vous dessinerez douze heures par jour, si cela vous amuse, j'en serai enchanté!

SOPHIE.

Vous êtes bien bon, Monsieur le Major.

PHILIPPE, *à part.*

Le gentil petit mari que ça fera!

ALPHONSE, *à part.*

Je n'y conçois rien, moi!

LE MAJOR, *à Sophie.*

Vous pourrez encore lire.... la lecture est une occupation agréable.... j'ai chez moi de bons livres, propres à orner l'esprit; des mémoires sur la tactique militaire, sur l'invention de la poudre à canon.

SOPHIE.

Monsieur le Major, puisque j'aurai le bonheur de vous appartenir, croyez que je ferai tout ce qui dépendra de moi pour me rendre digne de vos bienfaits.

LE MAJOR.

C'est bien!... ce desir est d'un bon présage! (*Bas à Bloum.*) Monsieur Bloum, je crois que sérieusement je lui ai plu.

BLOUM.

En ce cas, je ne vois rien qui nous arrête.

LE MAJOR.

Nous pouvons terminer aujourd'hui.

BLOUM.

Je vais faire venir chez moi le notaire du lieu.

LE MAJOR.

Il dressera le contrat....

BLOUM.

Et dans une heure nous le signerons.

LE MAJOR.

Que je vous embrasse !.... dans une heure je serai chez vous.... (*En confidence.*) J'irai porter à Sophie un présent auquel elle ne s'attend guères.

BLOUM.

Un présent ! les cinquante mille écus !

LE MAJOR.

Non... il est convenu qu'elle aura tout mon bien ; mais je lui destine, outre cela, des bijoux superbes, provenant d'un héritage que j'ai fait ; il y a trente ans, de Madame la baronne de Franckenchtein, ma bisayeule.

BLOUM.

En vérité !... vous entendez, Sophie ?... Monsieur le Major vous destine tous les bijoux de sa bisayeule.

SOPHIE.

Ah ! Monsieur le Major, c'est m'accabler dans le même jour de trop de générosité !

LE MAJOR, *transporté.*

Douce, sage, modeste, désintéressée, discrète et silencieuse, ma foi ! je ne retrouverais pas sa pareille ! (*haut*) Belle Sophie, donnez-moi votre main, que je vous reconduise jusques chez vous.

BLOUM, *riant.*

Eh, eh, je ne vous croyois pas si galant!

LE MAJOR.

Je retrouve ma jeunesse. (*Il prend Sophie par la main et la conduit jusqu'à sa porte.*) A tantôt, belle Sophie.... que dis-je ?... ma chère petite femme !

Bloum et Sophie rentrent chez eux, la dernière après avoir fait une profonde révérence au Major. (Pendant ce bout de scène, Alphonse est demeuré à sa place, interdit et ne sachant que penser.) Le Major après avoir quitté Sophie, traverse le théâtre pour retourner chez lui ; il passe devant son neveu et lui dit en riant :

Mon cher ami, vrai, vrai ! depuis qu'il est question de mariage, je ne sais pas... mais... eh, eh, eh, ... il me semble que je me porte mieux ! (*Il s'en va.*)

SCÈNE X.

ALPHONSE, PHILIPPE.

PHILIPPE, *voyant le Major rentré, s'écrie :* Le vieux fou !

ALPHONSE, *lui imposant silence.*

Que dites-vous, Philippe ?

PHILIPPE.

Je dis...sauf le respect que je dois à Monsieur votre très-cher oncle....qu'il est fou à lier de la tête aux pieds.... lui se marier !

ALPHONSE.

Je n'en reviens pas.

PHILIPPE.

Il n'en reviendra pas lui-même.

ALPHONSE.

Mais que signifioient tous les signes que m'ont faits Monsieur Bloum et Sophie, pendant leur maudite conversation ?

PHILIPPE.

Cela signifiait, Monsieur, qu'on trompe le Major de la manière la plus franche et la plus complette.

ALPHONSE.

Dans quel dessein ?

PHILIPPE.

Eh, que sais-je ? pour s'enrichir à ses dépens.

ALPHONSE.

Sophie capable,... malheureux, tu ne la connais donc pas ?

PHILIPPE.

Non.

ALPHONSE.

Cette aimable personne que j'ai vue, il y a six mois, chez Madame de Bruxhall à Berlin.... c'est Sophie,

PHILIPPE.

Ah, ah.

ALPHONSE.

Cette amie si chère, dont je ne pouvais plus supporter l'absence, que j'aime, que j'adore, que je brûle d'épouser enfin.... c'est Sophie,

PHILIPPE.

Que diable alors,.... est-ce vous ou le major qu'on veut tromper ?.... ou bien vous trompe-t-on tous les deux à la fois ?....

ALPHONSE.

Elle a tout avoué à son oncle,... elle lui a montré mes lettres,... je m'y perds...

SCÈNE XI.

Les mêmes. LE MAJOR *reparait, tenant à la main un grand écrin de façon très-antique, orné de grosses têtes de cloux dorés, etc.*

LE MAJOR, *ouvrant l'écrin et le montrant à Alphonse.*

Regarde, regarde, mon cher Alphonse, ... ne voilà-t-il pas un joli présent de noces ?

PHILIPPE, *s'écriant presque à l'oreille du Major, où il est placé pour regarder l'écrin.*

(*très-haut.*) Oh, que c'est beau !

LE MAJOR, *effrayé et le repoussant rudement.*

On ne te demande pas ton avis.

ALPHONSE.

Philippe, retirez-vous.

PHILIPPE.

Mais, Monsieur...

LE MAJOR.

Occupe-toi, maraud, plutôt que d'être là à nous écouter.

PHILIPPE, *avec douceur.*

Je vais vous obéir, Monsieur. (*Il prend son cor qu'il avait attaché à un arbre, et s'en va dans le fond où il s'assied sur un banc de pierre, et se dispose à jouer.*)

LE MAJOR, *avec humeur.*

Ce drôle là...

ALPHONSE.

Il faut l'excuser, mon oncle... au fond, c'est un garçon fidèle et qui m'est fort attaché.

LE MAJOR.

A la bonne heure... pour en revenir à l'aimable Sophie... (*Philippe dans le fond sonne tout-à-coup fortement du cor.*)

(*Le Major furieux tire son épée et court sur lui.*)

Ah, pour le coup, c'est trop fort, traître!... je vais t'apprendre...

PHILIPPE *fuyant toujours devant le Major, et criant.*

Monsieur, ne m'avez-vous pas dit de m'occuper?

LE MAJOR *le poursuivant l'épée à la main.*

Scélerat! je ne t'ai pas dit de me casser la tête!

(*Philippe, poursuivi par le Major, fait tout le tour du théâtre, en courant et en donnant du cor.*)

LE MAJOR *hors de lui.*

Effronté coquin,... maudit enragé...

(*Philippe s'échappe enfin par une coulisse; le Major veut encore le poursuivre; mais M. Bloum qui paraît, l'arrête et l'emmène du côté opposé.*)

SCÈNE XII.

LE MAJOR, M. BLOUM, ALPHONSE.

BLOUM.

Eh bien! mon cher Major, le notaire est là.... nous n'attendons plus que vous.

LE MAJOR.

Entraînez-moi, voisin, entraînez-moi, je suis anéanti... je suis mort.

BLOUM, *l'entraînant chez lui.*

Venez donc bien vîte signer votre contrat de mariage.

SCÈNE XIII.

ALPHONSE, PHILIPPE.

ALPHONSE.

O ciel!... il est donc bien certain!... pour moi, je pars sur le champ et ne veux pas être plus long-tems témoin...

PHILIPPE, *rentrant à petits pas et examinant si le Major est parti.*

Monsieur..., est-il encore là?

ALPHONSE.

Non.

PHILIPPE, *riant.*

Ma foi!... c'est qu'il y allait bon jeu, bon argent... avec sa longue épée rouillée...

ALPHONSE.

Mais aussi, pourquoi ces contrariétés... ce vacarme... qu'espères-tu ?

PHILIPPE.

Que ce mariage ne se fera point, ou que le Diable s'en mêlera. Le moindre bruit fait fuir le Major, je lui apprête pour ce soir un charivari des plus épouvantables... Trente gros paysans que je viens de rencontrer à l'instant même et à qui j'ai distribué tout l'argent qui me restait, ont promis de me seconder de leur mieux.... Si cela ne suffit pas, j'aurai à mon service toute la musique et les tambours d'un bataillon qui loge cette nuit dans le village voisin.... les fifres, les cymballes et jusqu'à la grosse caisse.... soyez tranquille, vous frémirez vous-même.

ALPHONSE.

Quelle folie!... Je n'approuverai rien sans l'aveu de Sophie.

PHILIPPE.

Eh monsieur! si vous ne l'épousez pas, ce sera du moins une petite vengeance qui vous consolera de son oubli.

ALPHONSE.

Je veux avoir une explication avec elle.... La voici, retire-toi.

PHILIPPE.

Oui, pour dresser les batteries qui vont bientôt canonner la place.

(*Il sort.*)

SCÈNE XIV.

ALPHONSE, LE MAJOR, M. BLOUM, SOPHIE.

BLOUM, *tenant une grande feuille de papier qu'il ploye tout en parlant.*

Vous voilà bien lié, cher Major, il n'y a plus à vous en dédire.

LE MAJOR.

Ma foi, je déteste les lenteurs et je suis enchanté de la rapidité avec laquelle cet engagement s'est fait.... surtout, mon voisin.... point de noce, entendez-vous?

SOPHIE, *commençant à reprendre la gaîté de son caractère.*

Point de noces, monsieur ?

LE MAJOR.

Non, point d'éclat, de faste, ni de cérémonies ; vous savez que je suis ennemi de tout cela ; du reste, je ferai tout ce qui vous sera agréable, ma chère petite femme... Allons donc, mon neveu, félicitez Madame de Franckenchtein, votre tante.

ALPHONSE, *à part.*

Ma tante !... je suis furieux !... (*s'avançant vers Sophie et la saluant.*) Madame...

SOPHIE, *éclatant de rire.*

Vous êtes mon neveu, vous, monsieur ?... ah, ah, ah, ah, ah, ah !

LE MAJOR, *après un peu d'étonnement, dit à Sophie.*

Oui... demain il retournera à son régiment.... ah ! c'est un brave garçon.... qui fera son chemin....

SOPHIE.

Monsieur n'a pas besoin de ces éloges.... il s'annonce assez bien de lui-même....

LE MAJOR, *dont l'étonnement s'accroît.*

(*A part.*) Ouais !.. comme la parole lui revient !...

SOPHIE, *à Alphonse.*

Monsieur, vous ne retournerez point à votre régiment...

LE MAJOR.

Mais....

SOPHIE.

Je veux que vous soyez présent à mon mariage....

LE MAJOR.

Mais....

SOPHIE.

Nous aurons du moins un bal... n'est-ce pas, Major ?

LE MAJOR.

Je....

SOPHIE, *à Alphonse.*

Vous y danserez... c'est moi... c'est votre tante qui l'exige.

LE MAJOR.

(*A part.*) Comment diable !.. (*haut à Sophie.*) Mais vous savez, ma chère amie, qu'une indisposition... assez malheureuse, m'empêche... Non, tenez, ne comptez pas sur un bal... et qu'y pourrions-nous inviter ?... des paysans ?...

SOPHIE.

Qui m'amuseront.

LE MAJOR.

De grossiers campagnards, dont la gaîté bruyante...

SOPHIE.

J'aime beaucoup la gaîté bruyante.

LE MAJOR, *à part.*

Se peut-il ?...

ALPHONSE, *à part.*

Je commence à comprendre...

LE MAJOR, *à Sophie.*

Je vous dédommagerai du bal par mille complaisances... par des générosités sans nombre... (*Tirant l'écrin de sa poche, il l'ouvre et le présente à Sophie.*) Et voici d'abord l'écrin que je vous ai promis.

SOPHIE, *regardant l'écrin.*

Que vois-je ?.. ah mon Dieu !. (*éclatant de rire.*) Ah, ah, ah, ah, ah, ah !

LE MAJOR, *interdit.*

En voici bien d'nne autre !

CHANT.

SOPHIE, *jetant l'écrin.*

Y pensez-vous, mon cher Major !
Ces bijoux peuvent-ils me plaire ?
Non, non, je ne veux pas encor
Ressembler à votre grand'mère.

LE MAJOR, *stupéfait.*

Qu'entends-je !... et quel est ce refus ?

BLOUM, *bas à Alphonse.*

Nous commençons la comédie.

ALPHONSE, *riant.*

Ah ! je reconnais ma Sophie,
Elle ne se déguise plus.

SOPHIE, *au Major qui a ramassé l'écrin.*

Ces rubis, cette émeraude,
Mon cher, sont d'un mauvais goût ;
J'en veux de plus à la mode,
Ou je n'en veux pas du tout.

LE MAJOR.

O ciel ! quelle est ma surprise !

SOPHIE.

Je vous parle avec franchise....
Reprenez donc, mon cher Major,
Ces dons qui ne sauraient me plaire...

LE MAJOR, *désolé.*

Ah ! qu'as-tu fait, pauvre Major !
Elle a caché son caractère.

ENSEMBLE.

LE MAJOR.

En refusant, elle ose encor
Rire d'un nom que je révère.

SOPHIE.

Non, non, je ne veux pas encor
Ressembler à votre grand'mère.

BLOUM et ALPHONSE, *riant à part.*

Ah! je plains le pauvre Major,
Elle a repris son caractère.

SCENE XV.

Les mêmes, PHILIPPE, *accourant.*

(*Le morceau de musique continue.*)

PHILIPPE, *au Major.*

Au bruit de votre mariage,
Chacun s'apprête à vous fêter,
Et, dans l'instant tout le village
Accourt pour vous féliciter.

LE MAJOR, *désolé.*

Tout le village!...

SOPHIE, *gaîment.*

Tout le village....

PHILIPPE.

Vient en ces lieux.

LE MAJOR.

Morbleu! j'enrage!

SOPHIE, *sautant de joie.*

Tant mieux! tant mieux!
(*à Philippe.*) Ah! qu'il se hâte de paraître.
(*au Major.*) Vous allez me donner la main.
Moi, j'aime la gaîté champêtre,
J'aime le bruit du tambourin.

LE MAJOR, *enrageant.*

Du tambourin!

PHILIPPE, *étonné du changement de Sophie, dit à part à son maître.*

Dites-moi donc si je m'abuse....

ALPHONSE, *bas à Philippe.*

Ce mariage est une ruse.

SOPHIE, *redoublant de gaîté et faisant mille folies.*

Le flageolet,
Le galoubet,
Les violons, les hautbois,
Que tout s'anime à-la-fois.

PHILIPPE, *à Sophie.*

Vous allez être bien servie.

(*Il va vers le fond et fait signe aux villageois de venir.*

LE MAJOR.
Grand Dieu !... c'est fait de ma vie !

SOPHIE, *dansant quelques pas d'une allemande.*
Tra la la, la la, la la, la la, la la, la la....
(Prenant le Major par la main et le forçant de danser avec elle.)
Vous danserez.... je vous en prie....
Je vous prends pour mon cavalier....
Tra la la, tra la la, tra la la.
Vous aussi, monsieur l'officier,
Vous serez de la partie.

LE MAJOR, *en fureur, et cherchant à s'éloigner.*
Morbleu ! je quitte la partie.

[Comme il veut rentrer chez lui, il se trouve entouré tout-à-coup par une troupe de villageois et de villageoises qui chantent, dansent et jouent de différens instrumens.]

SCENE XVI.

Les mêmes, LES VILLAGEOIS.

CHŒUR DES VILLAGEOIS, *au bruit du tambourin, et chantant à tue-tête.*
Au bruit de votre mariage
Chacun s'apprête à vous fêter ;
En ce moment tout le village
Accourt pour vous féliciter.

LE MAJOR, *se bouchant les oreilles et cherchant à fuir.*
Quels cris, quelles voix, quel tapage,
Quelle musique !... ô ciel ! j'enrage !
(Il tâche de les appaiser par la douceur.)
Mes bons amis, épargnez-moi !

SOPHIE, *aux villageois.*
Mes bons amis, bravo, courage !

LES CHOEURS, *chantant encore plus fort et entourant le Major.*
Tout le village....

LE MAJOR.
J'enrage.

SOPHIE et PHILIPPE, *les excitant chacun de leur côté.*
Courage !

LES CHOEURS.
En ce moment....

SOPHIE et PHILIPPE.
Bien plus gaîment.

LE MAJOR.
Ah quel tourment !

LES CHOEURS.

Vous fait son compliment
Sur votre mariage.

PHILIPPE, *les excitant.*

C'est à merveille!... encor, encor!...

LES CHOEURS, *criant.*

Vive monsieur le Major!

(*Les hommes lèvent leurs chapeaux en l'air.*)

LE MAJOR, *furieux.*

Éloignez-vous, troupe mutine,
Cessez vos chants et vos ébats;
Morbleu! si vous ne fuyez pas....
Je vais chercher.... ma carabine.

(*Il s'échappe et rentre brusquement chez lui, en refermant sa porte avec violence.*)

LES VILLAGEOIS, *déconcertés.*

Sa carabine!

SOPHIE, *avec gaîté.*

Songez, s'il prend sa carabine,
Qu'il faut un accompagnement
Bien plus vif et bien plus bruyant....

PHILIPPE.

Ordonnez, qu'elle paraisse,
Et, dans l'instant,
Vous aurez la grosse caisse
D'un régiment.

SOPHIE, *enchantée.*

La grosse caisse
D'un régiment!
Ah! c'est charmant!

PHILIPPE.

Le renfort est tout près.... un signal suffira.
(*Il va vers le fond et donne un signal.*)
Allez... bien!.. fort bien!... le voilà!

(*En ce moment le Crescendo est porté au plus haut degré; la musique villageoise est mêlée à la musique militaire: on entend tout-à-la-fois les tambours; les fifres, les cymballes, la grosse caisse, les clairons, les trombonnes, le tambourin, le galoubet, le cor, etc.*)

SOPHIE, BLOUM et ALPHONSE, *riant.*

Quelle musique enchanteresse!

LES VILLAGEOIS.

Comme ça vous rend aise et joyeux!

PHILIPPE, *à Sophie.*

Qu'en pensez-vous!

SOPHIE.

Tout est au mieux.

PHILIPPE.

Les tambours et la grosse caisse!
Ran, ran, tan, plan.... poum, poum, poum!

ENSEMBLE, *et riant.*

Qeulle musique enchanteresse !
Et quel concert harmonieux !

(*Le Major en fureur paraît tout-à-coup à sa fenêtre, et couche les villageois en joue avec sa carabine.*)

Traîtres ! fuyez tous de ces lieux,
Ou je saurai punir votre scélératesse !

(*Il fait un mouvement comme s'il voulait tirer, tous les villageois effrayés s'enfuyent, en jetant un grand cri. Un calme profond succède aussitôt au bruit.*)

LE MAJOR, *triste, abattu et déposant sa carabine à côté de lui.*

Le tapage.... est fini !...
L'on se retire....
Dieu merci !...
Je respire !

(*Il quitte sa fenêtre qu'il referme.*)

BLOUM, SOPHIE, ALPHONSE, PHILIPPE, *tous quatre en même tems, sur le devant de la scène.*

Ah, ah, ah, ah !
Je ne puis m'empêcher de rire.

(*Le morceau de musique finit très-piano.*)

SCENE XVII.

BLOUM, SOPHIE, ALPHONSE, PHILIPPE.

SOPHIE, *à Alphonse.*

Eh bien ! mon cher neveu.... ne trouvez-vous pas votre tante un peu folle ?

ALPHONSE.

Je vous croyais changée .. heureusement il n'en est rien ; mais puisqu'enfin nous voilà seuls, expliquez-moi donc.... ce mariage....

BLOUM.

Y crois-tu encore ?

SOPHIE.

Pensez-vous que le Major soit tenté à présent de garder pour sa femme... un démon ! c'est ainsi qu'il m'a déjà nommée.

PHILIPPE.

Et moi qui, sans le savoir, vous secondais si bien,

SOPHIE.

Oh! vraiment, la troupe villageoise ne pouvait arriver plus à propos.

PHILIPPE.

Et la musique du bataillon?... quel crescendo!... j'en ai moi-même la tête brisée!

BLOUM, *riant.*

Mais ce n'est pas tout: va retrouver le Major, sonde ses intentions, tâche de l'amener adroitement...

ALPHONSE.

Je devine, laissez-moi faire, je me charge du reste.

SOPHIE.

Retirons-nous... il ne faudrait pas qu'il nous surprît ensemble.

PHILIPPE.

Moi, je me tiendrai près du champ de bataille, et si vous avez encore besoin d'un feu roulant, j'accourrai avec mes auxiliaires.

(*Sophie et Bloum rentrent chez eux, Philippe se retire par le fond et Alphonse va pour entrer chez le Major, lorsque celui-ci ouvre sa porte et reparaît dans le plus grand accablement.*)

SCENE XVIII.

ALPHONSE, LE MAJOR. *Le Major a quitté le grand uniforme, et a repris son premier costume.*

LE MAJOR, *pétrifié.*

Ah! quelle secousse! je n'en ai jamais éprouvé de pareille! (*Il se repose sur un banc au pied d'un arbre qui est près de sa maison.*)

ALPHONSE.

Eh bien! que vous avais-je dit, mon oncle? vous vous engagez un peu légèrement....

LE MAJOR.

Ah! cette nièce, mon cher ami, c'est l'hypocrisie personnifiée!

ALPHONSE.

Pas du tout, mon oncle.... toutes les jeunes personnes sont de même.... Demoiselles, c'est la candeur, la modestie, l'innocence la plus timide.... mariées, ce sont de vrais lutins.

LE MAJOR.

Celui-ci va me faire enrager du matin au soir.

ALPHONSE.

Eh !... c'est bien possible.

LE MAJOR, *en confidence à Alphonse.*

Mon ami, comment la trouves-tu, toi, cette.... cette Sophie ?

ALPHONSE, *le devinant, et avec un air d'indiffére*

Moi, mon oncle ?... comme ça.... ni bien, ni mal.

LE MAJOR.

Si fait, si fait !... tu ne l'as pas bien regardée.

ALPHONSE.

J'avoue que j'ai peu fait attention à elle.

LE MAJOR.

Elle est charmante, vrai, elle est charmante !

ALPHONSE, *souriant.*

Je vois que vous y tenez encore.

LE MAJOR.

Non. . . . mais, tiens, franchement, cette Sophie là te conviendrait beaucoup mieux qu'à moi.

ALPHONSE.

Vous me rendriez, je vous jure, un très-mauvais service.

LE MAJOR.

Tu m'en rendrais un bien grand !

ALPHONSE.

Oubliez-vous l'acte que vous avez signé ?

LE MAJOR.

Non; mais en offrant de te marier à ma place... peut-être....

ALPHONSE.

Je n'en crois rien. J'ai dans l'idée, moi, que cette jeune personne vous aime.

LE MAJOR.

Se pourrait-il ?

ALPHONSE.

Elle est folle de vous.

LE MAJOR.

Folle de moi! je suis perdu! (*Sophie paraît.*) Mon ami, la voici: je tremble, rien que de la voir.... Dis-moi si je suis bien laid sous ce costume....

ALPHONSE.

Vous n'êtes pas beau.

LE MAJOR.

Tant mieux!... je voudrais lui déplaire.

ALPHONSE.

N'allez pas la brusquer.... car elle resterait votre femme, ne fût-ce que par vengeance?

SCÈNE XIX.

LE MAJOR, ALPHONSE, SOPHIE, *sur le devant de la Scène;* M. BLOUM et PHILIPPE, *dans le fond.*

SOPHIE, *s'avançant.*

Eh bien! Major.... vous m'abandonnez!... à quoi puis-je attribuer ce manque de courtoisie? Un galant chevalier ne doit-il pas toujours être aux pieds de sa belle pour la servir, lorsqu'elle commande; pour la défendre, lorsqu'elle est en danger?

LE MAJOR.

Belle Sophie!... franchement, je ne suis ni courtois, ni galant, et vous m'avez très-mal jugé.

SOPHIE.

Quel est ce nouveau langage? ne m'avez-vous pas fait tantôt mille protestations de tendresse?

LE MAJOR.

J'avais perdu la tête.

SOPHIE.

Qu'entends-je?

LE MAJOR.

Examinez-moi bien.... mon âge est....

SOPHIE.

Raisonnable.

LE MAJOR.

Ma figure....

SOPHIE.

Noble et martiale.

LE MAJOR.

Mon caractère....

SOPHIE.

Franc, généreux.

LE MAJOR.

Non, non.... je sens que je ne dois pas vous plaire....

SOPHIE.

Major, vous avez trop de modestie.... moi, je vous trouve fort bien.

LE MAJOR.

Non, je suis capricieux, fantasque, inégal, jaloux, grondeur, impatient, bourru, colère.... cacochime enfin.

SOPHIE, *gaîment.*

Cacochime!... ah, ah, ah, ah, ah!... puisque nous en sommes sur nos défauts, je serai aussi franche que vous. Je suis curieuse, indiscrète, étourdie, légère, inconséquente; j'aime trop les bals, les jeux, les fêtes et tout ce qui tient à la dissipation; le repos m'est insipide.... le sommeil n'est jamais un besoin pour moi, en un mot, je ne me plais que dans le tourbillon du grand monde.

LE MAJOR, *à Alphonse.*

Ah! mon ami, quelle profusion de paroles!... épouse-la, je n'y tiens plus!

ALPHONSE.

Mon oncle, je n'en ferai rien, assurément!

LE MAJOR, *le tirant à l'écart.*

Alphonse, soixante mille francs si tu l'épouses.

ALPHONSE.

Vous n'y pensez pas; je chéris trop ma liberté pour....

LE MAJOR.

Cent mille francs!

ALPHONSE.

L'intérêt ne peut rien sur moi.

LE MAJOR.

Le traître!... et lui aussi me fera mourir!... refuser à ce point mes bienfaits.... (*à Alphonse.*) tu résistes?

ALPHONSE.

Mais il faut savoir d'abord si Mademoiselle m'accepterait pour époux.

LE MAJOR.

O Dieu !... interroge-la donc bien vîte ?

ALPHONSE.

Mademoiselle....

SOPHIE.

Monsieur.

ALPHONSE.

Mon oncle, le Major de Franckenchtein, me charge de vous assurer qu'un mari comme lui ferait votre malheur ; qu'un mari comme moi vous rendrait heureuse ; et, dans ce moment même, il vous laisse la liberté du choix.

SOPHIE.

Cette proposition m'étonne, Monsieur.... A-t-on la liberté de rompre ainsi ses engagemens ?... Non, je suis fière du sort qui m'est réservé, et je ne veux point renoncer à l'honneur d'être bientôt appelée Madame la Major de Franckenchtein.

LE MAJOR.

Elle refuse !... ah ! que je suis malheureux !... (*allant vers M. Bloum qu'il apperçoit.*) Ah ! Monsieur Bloum, je n'espère plus qu'en vous.... sauvez-moi la vie !... je meurs si j'épouse votre nièce, je la cède à mon neveu avec cent mille francs de dot, si vous la décidez à s'unir à lui. Parlez et joignez-vous à mes prières.

BLOUM, *à Sophie.*

Sophie....

ALPHONSE.

Mademoiselle....

LE MAJOR.

Mon cher petit ange, haïssez-moi, vous me rendrez bien plus heureux.

ALPHONSE.

Puisqu'il ne desire que votre haîne, faites donc bien vîte son bonheur.

RÉCITATIF.

BLOUM.

Décidez-vous... parlez... expliquez-vous, Sophie.

SOPHIE.

Eh ! quoi ! vous l'exigez, messieurs !... absolument !

ALPHONSE.

Nous vous en prions tous instamment, vivement !

SOPHIE.

(*au Major.*) (*à Alphonse.*)
Il le faut !... Je vous hais... Et je me sacrifie !

QUINQUETTI.

LE MAJOR, *à part.*

Elle y consent !
Heureux moment !
Je suis enfin délivré d'elle.
Ah ! je puis bien dire, à présent,
Que je viens de l'échapper belle.
Heureux moment ! heureux moment !

BLOUM.

Elle y consent !
Heureux moment !
Mon cher Major, point de querelle !
Et je puis bien dire à présent
Qu'Alphonse était mieux fait pour elle.
Heureux moment ! heureux moment !

ALPHONSE.

[illegible] !
Elle se rend ;
J'en fait autant, mademoiselle,
Oui, jurons-nous, dès ce moment,
Un amour vrai, tendre et fidèle.
(*A part.*) Heureux moment ! heureux moment !

SOPHIE.

Oui, je consens,
Oui, je me rends ;
Mon cœur enfin n'est plus rebelle :
(*A Alp.*) En ce moment faites serment
D'être toujours tendre et fidèle.
(*A part.*) Heureux moment ! heureux moment !

PHILIPPE, *à part.*

Ce tour, vraiment,
Est fort plaisant ;
Le cher Major l'échappe belle !

Je rends justice, en ce moment,
A l'esprit d'une demoiselle.
Le tour, vraiment,
Est fort plaisant!

CHŒUR DE LA FIN.

Je resterai
Vous resterez célibataire,
nous
L'hymen va vous unir tous deux,
les
Quel sort heureux, quel jour prospère;
Tout s'arrange au gré de nos vœux.

FIN.

De l'Imprimerie de P. NOUHAUD, rue du Petit-Carreau, N.° 32.

www.ingramcontent.com/pod-product-compliance
Lightning Source LLC
LaVergne TN
LVHW012022160826
845678LV00002B/981

* 9 7 8 2 3 2 9 6 5 2 6 8 9 *